Esther Altorfer

Kunstmuseum Bern

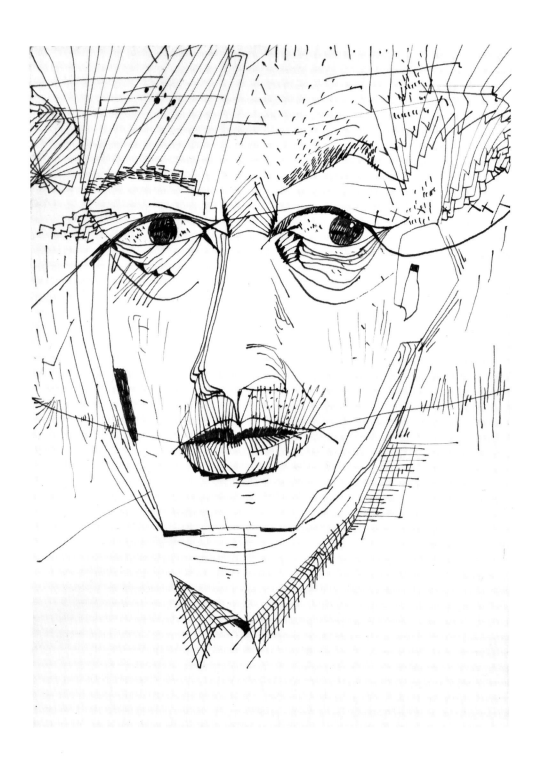

Abb. 1 Ohne Titel (Selbstporträt), um 1969 (Kat. 57)

Esther Altorfer

1936–1988

Kunstmuseum Bern

Katalog anlässlich der Ausstellung im Kunstmuseum Bern
9. Juni bis 19. August 1989

Umschlag nach einer Collage von Suzanne Baumann, 1988

Katalog und Ausstellung: Josef Helfenstein
Sekretariat, Werkverzeichnis: Marie-Françoise Robert
Mitarbeit: Angelina Lischetti
Ausstellungsaufbau: Walter Dällenbach, Romy Vuichard, Paul Witzig

Verlag Kurt Salchli, Bern
ISBN 3-907991-13-3
© Kunstmuseum Bern 1989
Für die einzelnen Beiträge: die Autoren

Lithos: Denz AG, Bern
Gestaltung: Peter Sennhauser, Stämpfli + Cie AG, Bern
Gesamtherstellung: Stämpfli + Cie AG, Bern
Printed in Switzerland

Inhaltsverzeichnis

Dank

Diese Ausstellung, die leider erst nach dem Tod von Esther Altorfer stattfindet, ist zugleich die erste Einzelpräsentation dieser Künstlerin in einem öffentlichen Institut (mit Ausnahme von zwei Ausstellungen in der Berner Galerie). Es ist bekanntlich einfach, aus Toten eine Kultfigur zu machen. Dies trifft besonders dann zu, wenn eine Biographie so exemplarisch auf den Mythos des Künstlers als Aussenseiter zugeschnitten ist, wie dies bei Esther Altorfer der Fall war. Ausschlaggebend für dieses Projekt aber war die Auseinandersetzung mit der Kunst von Esther Altorfer. Dies allerdings unter der Voraussetzung, dass es gerade im Fall von Esther Altorfer falsch wäre, ihr Werk ausschliesslich in die Sphäre der Kunst einzuordnen und es gänzlich von der Person der Künstlerin zu trennen.

Unser Dank geht an alle, die uns bei den Vorbereitungen zu dieser Ausstellung und zum Katalog mit Informationen und Hinweisen in vielfältiger Weise unterstützt haben. Dieser Dank richtet sich insbesondere auch an die Leihgeber der Ausstellung. An erster Stelle danken wir Urs Suter, Galerie und Edition c/o Suti, für die in jeder Phase grosszügige und reibungslose Zusammenarbeit, sowie den Erben des Nachlasses von Esther Altorfer, ihren Schwestern Liliane und Denise Altorfer.

Dr. Burkhard Wenger ermöglichte in Carona freundlicherweise den Einblick in die Werke von Esther Altorfer, die sich im Nachlass von Meret Oppenheim befinden. Mit den 1972 in Carona entstandenen Arbeiten konnte die Ausstellung um eine wesentliche Werkgruppe erweitert werden. Die besondere Wertschätzung der Kunst Esther Altorfers zeigt sich schon darin, dass Meret Oppenheim sämtliche Arbeiten von Esther Altorfer in ihrem Besitz sorgfältig verwahrt sowie auf der Rückseite der Blätter eigenhändig bezeichnet und datiert hatte. Diese Voraussicht, die im Falle von Werken dieser

Künstlerin keineswegs selbstverständlich ist, kam uns bei der Aufarbeitung sehr zustatten.

Für engagierte Beteiligung und fruchtbare Hinweise danken wir speziell Suzanne Baumann und Toni Gerber. Liliane und Denise Altorfer, Suzanne Baumann, Balthasar Burkhard, Toni Gerber und Urs Suter haben uns zudem wichtige Unterlagen für den Katalog zur Verfügung gestellt. Allen, die in irgendeiner Weise zur Verwirklichung dieser Ausstellung beigetragen haben, auch jenen, die hier namentlich nicht erwähnt werden können, danken wir herzlich: Heinz Brand, Reichenbach; Dominique Bürgi, Belp; Michael Buthe, Köln; Eva und Willi Ebinger, Bern; Ralf Gentner, Bern; Marlene Frei, Zürich; Sandro Fischli, Bern; Johannes Gachnang, Köln / Bern; Lilly Keller, Montet; Hannelore Kunert, Köln; Lisbet Kornfeld, Bern; Sibylle und Pierre LeCoultre, Bern; Christian Lindow, Bern; Manon, Zürich; Mariella Mehr, Tomils; Christiane Meyer-Thoss, Frankfurt a. M.; Violette Moser, Bern; Stefan Nussli, Rechthalten; Violette Pini, Bern; Markus Raetz, Bern; Christoph Schenker, Zürich; Theodor Schild, Bettlach; Elka Spoerri, Bern; Fred Zaugg, Bern.

Dem Graphischen Unternehmen Stämpfli + Cie AG und insbesondere Peter Sennhauser verdanken wir die sorgfältige Arbeit beim Druck des Kataloges, Kurt Salchli die Unterstützung durch seinen Verlag. Für namhafte finanzielle Unterstützung danken wir ganz besonders der Burgergemeinde Bern sowie der Emil und Rosa Richterich-Beck Stiftung in Laufen, dem Atelier 5 in Bern und Freunden Esther Altorfers. Ohne diese wesentlichen Beiträge an die Druckkosten hätte das Projekt in dieser Form nicht durchgeführt werden können.

Josef Helfenstein

Esther Altorfer, um 1967 (Foto: Balthasar Burkhard)

Bilder aus dem beschädigten Leben

Josef Helfenstein

Die Kunst von Esther Altorfer ist eine sehr persönliche, in bezug auf die Darstellung der Emotionalität manchmal geradezu unbarmherzig offene Kunst. Zeichnung und Malerei waren ihr in ausserordentlicher Weise Teil der Lebenserfahrung, und nicht davon abgetrenntes Produkt. Esther Altorfer ist die in Bern vielleicht ausgeprägteste Erscheinung der (im Rückblick verklärten) «legendären» sechziger und siebziger Jahre, die unter dem Motto «Vom Kunstbetrieb zum Lebensstil» (Sergius Golowin) zusammengefasst wurden. Zu diesem Lebensstil gehörten das schubartig-unkontinuierliche Arbeiten ebenso wie spontaner Aktionismus, die Lust am Zufall und die Auseinandersetzung mit psychedelischen Erfahrungen.

Esther Altorfer verkörperte zumindest als Erscheinung jenen im Verlauf der achtziger Jahre einsamer gewordenen, radikal unangepassten Künstlertypus der sechziger und siebziger Jahre. Ihre Zeichnungen entsprachen auf geradezu exemplarische Weise der Nähe zeitgenössischer Kunst zur ‹art brut›, wie sie Harald Szeemann 1972 in der documenta 5 aufgezeigt hat. Esther Altorfer gehörte zu einer Generation von Künstlern, die in den sechziger Jahren durch die radikale Infragestellung des gesellschaftlichen Kontextes (nicht nur was Normen und Verhaltensweisen, sondern auch was die Funktion von Kunst betraf) geprägt wurden. Im Unterschied zu den meisten ihrer Freunde und Künstlerkollegen aber verkörperte Esther Altorfer den zeitgeistbedingten Status des Künstlers als Aussenseiter schon durch ihre Herkunft. Ihre Jugend verbrachte sie, zunächst gemeinsam mit ihren drei Schwestern, später getrennt von ihnen, in fremden Familien und im Waisenhaus. Ab 1972 verbrachte Esther Altorfer wiederholt Aufenthalte in psychiatrischen Kliniken, vor allem in der Waldau bei Bern.

回

Trotz des für eine Schaffenszeit von über zwei Jahrzehnten schmalen Gesamtwerkes von Esther Altorfer setzt dieses thematisch weder Grenzen noch eigentliche Richtlinien. Bei ihren Zeichnungen und Bildern entsteht nie der Eindruck von Brillanz als ästhetischem Selbstzweck, von Kompromissen aufgrund von formalen Überlegungen. Die besondere Eigenart ihrer Arbeiten lässt sich nicht mit Begriffen wie ‹künstlerische Qualität› erfassen (Virtuosität geht Esther Altorfer gerade gänzlich ab), sie liegt eher in einem seltenen Grad an Authentizität. Die Eigenart dieser Arbeiten *bedingt* geradezu das Fehlen einer handwerklichen Brillanz oder einer sogenannten künstlerischen Professionalität. Hier geht es nicht ums Gelingen (und um das Vorzeigen dieses Gelingens), sondern letztlich ums Scheitern künstlerischen Tuns. Eine primär oder ausschliesslich am Formalen orientierte Kunstkritik, wie sie auch heute dominiert, wird deshalb über dem Schaffen einer Künstlerin wie Esther Altorfer immer den Stab brechen.

In Umkehrung verbürgter Qualitätsmassstäbe manifestieren sich gerade im ‹Linkischen› die besonderen Eigenschaften dieser Kunst. Das Linkische, das bei Esther Altorfer nie kalkuliert ist, befreit ihre Kunst von jener risikolosen Abgehobenheit und Unverbindlichkeit, der man im professionellen Kunstbetrieb häufig begegnet. Eine Beobachtung, die Roland Barthes beim Nachdenken über die Bilder von Twombly gemacht hat, trifft in gewissem Sinne ins Zentrum der Kunst von Esther Altorfer: das Linkische ihrer Zeichnungen (der künstlerischen ‹Handschrift› ebenso wie der in ihren Arbeiten häufig auftauchenden Schriftelemente) verweist Esther Altorfer in den Kreis der Ausgeschlossenen, der Randständigen, zu denen sie (in augenscheinlichem Unterschied zu einem Künstler wie Twombly) auch gehörte.

Auch in diesem Werk liessen sich zwar herausragende Arbeiten und Werkgruppen isolieren. Was aber aufs Ganze dominiert, ist die ‹Fieberkurve› des Erlebten und der Eindruck des ästhetischen Unbeschönigten. Esther Altorfer hat nicht kontinuierlich oder routinemässig, sondern schubweise und in Phasen von oft geradezu selbstzerstörerischen Ausbrüchen gearbeitet. Diese Heftigkeit ist in mehrfacher Hinsicht ein Äquivalent ihrer Lebensweise. Sie erreicht im Duktus der späten Malereien auf Papier eine Präsenz, die geradezu physisch-gewalttätigen Charakter hat. Auch die runenartige Handschrift von Esther Altorfer ist die unübersehbare deutliche Spur jener Präsenz der realen Person in ihren Arbeiten. Ähnlich wie in den geschriebenen Bildelementen, in deren handschriftlichem *Duktus* die Emotionalität (unmittelbarer als im sprachlichen Bedeutungsinhalt) zum Ausdruck kommt, unterstreichen das oft kleine Format und die verwendeten Materialien auch den intimen Charakter ihrer Arbeiten. Da das Moment der Selbsterfahrung in der Kunst von Esther Altorfer absoluten Vorrang hat vor formalen oder ästhetischen Interessen, vermitteln ihre Bilder oft den Eindruck des ‹Journal intime›, des Tagebuchartigen. Es ist nicht zu übersehen: gerade dadurch, dass diese Bilder, in einer seltenen Radikalität, die formal-künstlerisch keineswegs immer geglückt erscheint, reales Leben, reale Zeit beinhalten, sind sie dauernd der Gefahr ausgesetzt, zur reinen Kunstangelegenheit zu werden.

回

Es ist naheliegend, ja zwingend, dass bei dieser extremen Verschmelzung von Kunst und existenzieller Selbsterfahrung und dem daraus sich ergebenden Wahrheitsanspruch immer wieder die eigene Identität ausdrücklich thematisiert wird. Dies äussert sich in selbstbildnisartigen Gesichtsstudien, die aber nicht den Charakter von Porträts haben, die das äussere Abbild suchen, sondern von bohrenden, das Gesicht gleichsam sezierenden Zustands-Analysen. Solche introspektiven Selbstbildnisse (Abb. 1) erinnern sowohl stilistisch wie mentalitätsmässig an die der ‹écriture automatique› verpflichteten Zeichnungen der Surrealisten. Trotz ihrer Präzision wirkt die Linie hier nicht abbildhaft-festhaltend, sondern als Ausdrucksmittel, mit dem Irrationales beschwört wird. Die obsessive Suche nach der eigenen Identität äussert sich in einer fetischistischen Identifizierung mit anderen Menschen, im Laufe der letzten Jahre zunehmend auch mit Tieren. Die Überarbeitung einer Kinoreklame mit dem Gesicht von Anna Magnani (Abb. 3) ist ein Beispiel für diese Infragestellung der eigenen Identität anhand einer fiktiven Doppelgängerin. Sie ist typisch für die in Esther Altorfers Arbeiten häufig zweideutige Emotionalität, die sowohl die Geste äusserster Behutsamkeit wie des gewaltsamen physischen Eingriffs beinhalten kann.

Diese Betroffenheit wird auch in anderen, vielleicht beiläufig erscheinenden Blättern spürbar: einer Reproduktion, die das von Trauer umschattete Gesicht einer Frau zeigt, oder der Illustrierten-Fotografie einer in der Bewegung innehaltenden Ballettschülerin mit melancholischen Gesichtszügen. Das Papier gibt hier gleichsam die Unterlage ab für einen heftigen, imaginären Dialog mit unerreichbaren Projektionsfiguren. In diesen Zusammenhang gehören auch bestimmte Namen von Künstlern und Schriftstellern, die in den Zeichnungen und in den persönlichen Notizen, oft mit deutlich appellativem Charakter, wie in einer Form von Beziehungswahn, wiederholt auftauchen (Kafka, van Gogh, Else Lasker-Schüler, Genet, Beuys). Auch die besonders in den letzten Lebensjahren sich häufenden Pferdezeichnungen und Esther Altorfers fanatische Bewunderung für die Dressurreiterin Christine Stückelberger sind in diesem Zusammenhang zu sehen. Das Pferd wird in den späten Zeichnungen und Malereien auf Papier (in gewisser Weise vergleichbar mit Motiven wie Hund, Fisch oder Tiger in den Bildern von Maria Lassnig) zum «pantheistischen Tierpartner» (Gorsen), zur physisch gemeinten Projektionsfigur des eigenen Ich.

回

Die Kunst von Esther Altorfer entstand nicht in unversehrter Abgehobenheit. Sie trägt deutlich die Male der Beschädigung, der Zerstörung (zerrissene und zerschnittene Arbeiten, Löcher, durch her-

ausgerissene Papierstücke mitgenommene Formate). Diese schein-
bar äusseren Merkmale verweisen auf einen zentralen Punkt im
Schaffen von Esther Altorfer: das Moment der physischen Zerstörung, der zerstörerischen Dekonstruktion gehört zum Kern, in den
innersten, persönlichsten Bereich dieses Werkes. Indem Esther Altorfer ihre eigenen Werke beschädigt, indem sie deren Unversehrt-
heit angreift und zerstört, wird sie letztlich gegen sich selbst hand-
greiflich. Zerstörerische Eingriffe sind bei Esther Altorfer nie nur be-
wusste gestalterische Bedeutungsveränderungen, sie wirken un-
missverständlich als Handlungen, in denen die Intaktheit und Ehr-
würdigkeit des Mediums Kunst an sich angegriffen wird. Dazu gehört auch, dass Esther Altorfer ihren Tod in den Zeichnungen ver-
schiedentlich thematisierte, ihn damit gleichsam vorwegnehmend
(vgl. «Mir ist als ich schon verstorben bin», Kat. 135). Man ist versucht, an dieser Stelle einen romantischen Satz des russischen Lyri-
kers Ossip Mandelstam zum Vergleich heranzuziehen: «Mir scheint,
man dürfe den Tod eines Künstlers nicht von der Kette seiner
schöpferischen Leistungen ausschliessen, sondern müsse ihn viel-
mehr als das letzte, das Schlussglied der Kette betrachten.»
    Die Zerbrechlichkeit und die ‹präästhetische› Erscheinungsform
von Esther Altorfers Arbeiten wirken wie ein Aufbegehren gegen die
gewaltsame Aufdringlichkeit der äusseren Welt. Wie man auch bei
anderen, zeitweise mit Esther Altorfer befreundeten Künstlern (Markus Raetz, Jean-Frédéric Schnyder) beobachten kann, gehörte der
Einsatz billiger, anspruchsloser Mittel in den sechziger Jahren
(Druckausschuss- und Packpapier, Briefumschläge, Filzstifte) zum

Abb.3 Wachsgesicht (Anna Magnani)

‹Lebensgefühl› dieser Generation. Im Fall von Esther Altorfer waren die poveren künstlerischen Produktionsmittel immer auch das Zeugnis ihrer Lebensverhältnisse. Das damit einhergehende Desinteresse an der materiellen Beständigkeit des Werkes hat sich bei Esther Altorfer in geradezu selbstzerstörerischer Weise bis zum Schluss ihres Schaffens geäussert. Es hat aber mehr mit den Phasen von Verzweiflung als mit einer generellen Geringschätzung ihres Werkes zu tun. Gerade aufgrund einer betont hohen Selbsteinschätzung ihres Werkes hat sich Esther Altorfer oft geweigert, ihre Werke überhaupt zu verkaufen – und wenn schon, dann zu übersetzten, eventuelle Käufer vor den Kopf stossenden Preisen.

Zerstörung aber bedeutet bei Esther Altorfer letztlich Ausbruch aus der Sinnschicht Kunstwerk. Diese Kunst stellt damit, in gänzlich anderer Weise, als dies die Konzept-Kunst tat – nämlich vom Wahrheitsanspruch einer exzessiven Authentizität her –, den überlieferten Œuvre-Begriff radikal in Frage. Die darin sich manifestierende Haltung, die darauf aus ist, die reine Sphäre der Kunst letztlich zu überschreiten, ist in gewisser Weise vergleichbar mit Künstlern wie Antonin Artaud oder Jean Genet, Künstlern also, bei denen sich exzessiv gelebte Existenz und Künstlersein radikal durchdringen. Dieser Existenzcharakter der *Freiheit* ist auch bei Esther Altorfer ohne den Hintergrund, der letztlich zu den Surrealisten hinführt, nicht zu verstehen. Es ist kein Zufall, wenn Esther Altorfer in mehreren Zeichnungen auf diesen Zusammenhang (vgl. Farbabb. S. 17 mit dem Titel des berühmten surrealistischen Filmes «Le chien andalou») hingewiesen hat.

Ohne Titel, 1986 (Kat. 142)
Le chien andaluz, 1986 (Kat. 145)

Abb. 4 Ohne Titel, 1967 (Kat. 33)
Abb. 5 Ohne Titel, 1967 (Kat. 34)

Abb. 6 Ohne Titel, um 1968 (Kat. 38)

Abb. 7 Selbstbildnis, 1964 / 65 (Kat. 19)

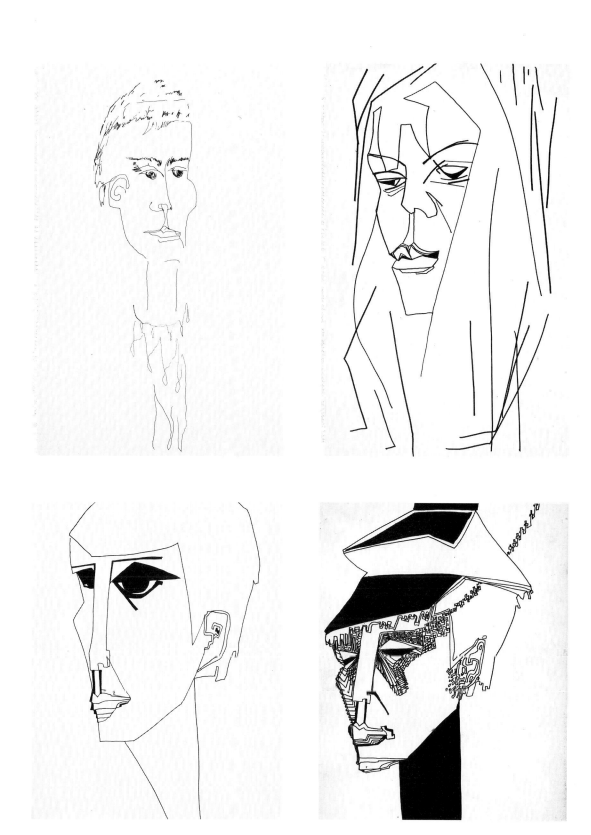

Abb. 8–11 Frauen, 1964 / 65 (Kat. 15–18)

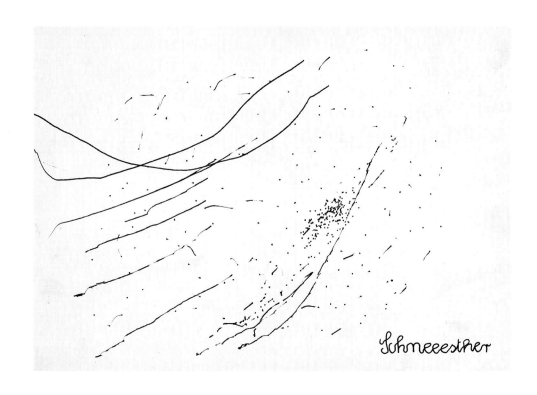

Abb. 12 Schnee-Esther, um 1969 (Kat. 54)

Schnee-Esther

Mariella Mehr

Schneestern also, oder Sternenschnee; ein ungefüges Wort wie die Bedeutung des Erdwolfs, eine strenge Hoffnung vielleicht. Sterne sind kaum bedürftig, sie säen und ernten nicht. Sie haben keinen Ort und kein Geschlecht.

Taten von Sternen zählt man sowenig wie ihr Alter. Nur Krämer tun es, und leider verkommt unsere Welt immer mehr zum Krämerladen. Da wird auch das Licht der Sterne feilgeboten, um seine Freiheit betrogen, mit harter Währung bezahlt und entmündigt. Star Wars gegen die Poesie des Raumes.

Es sage mir keiner, dieser Stern sei schwarz.

Diese unerbittliche Poesie in den Bildern, diese strenge, unsentimentale Verausgabung, das tödliche Leiden selbst als poetisches Werk. Manchmal Federstriche wie Laserstrahlen, so kalt und unnachgiebig.

Das Leben als kaum ausreichend determinierte Existenz, mehr ein Zufall, ein abscheulicher, mit Mühe in die Gesetze des Erträglichen eingebunden. Sich über die Lebensränder hinausmalen, zurückblickend dann endlich Gewissheit, endlos vernutzte Zeit.

Der Tod als unbequemstes Ausdrucksmittel; dieser von Eisen zermalmte Körper, ein letztes unnachgiebiges Gemälde, *Schneeverwehte Esther*. Der schäbige Wahnsinn der Krämer zerstört auch diese Botschaft. Auf ihren Ladentresen wird deine Verwesung verhökert.

23

Gibt es eine menschliche Haltung, die bösartiger wäre als die Behauptung, Anzahl und Möglichkeiten des Leidens wäre das erotische Unendliche, erschöpfend geklärt nur in der letzten, endgültigen Tat der Selbsttötung?

Eine grimmige Fröhlichkeit in den Augenwinkeln der Schneeschwester: das Menschengeschlecht, diese schändliche Sau, michaelisch vertiert, als wäre die Poesie ein Drache, den es meuchlings zu ermorden gilt. Das wartet kein Tod ab, das ersticht zu Lebzeiten den traumhaft sicheren Strich gegen die Existenz funktionaler Wesenslarven. Eine gangbare, über die Ränder hinausgezogene Gerade, letzte Revolte gegen die Gangbarkeit des Fleisches.

Und es ist nicht mein Körper, dieser blutige Fetzen Fleisch am Ende der Geraden. Es ist der Schnee eine schreckliche Unschuld mitten im Sommer.

Die Federführung im Kriegszustand, grababseits das Ende der Kunst als eine Beglückungsmaschine. Endlich.

Wenn wir tanzen, sagen die Sterne zu ihren Göttern, fällt einer von uns aus den süsslichen Sicherungen der Krämerseelen. Wir pfeifen auf die Ewigkeit.

Wenn wir tanzen, sagen die Erdwölfe, fängt einer von uns den fallenden Stern auf. Es sage mir keiner, dieser Stern sei schwarz.

Ohne Titel (Kat. 108)

Mais la nostalgie, um 1972 (Kat. 101)

La pastorale, um 1972 (Kat. 97)

J'aimeres roulet, um 1972 (Kat. 98)

Cindrella, um 1972 (Kat. 99)

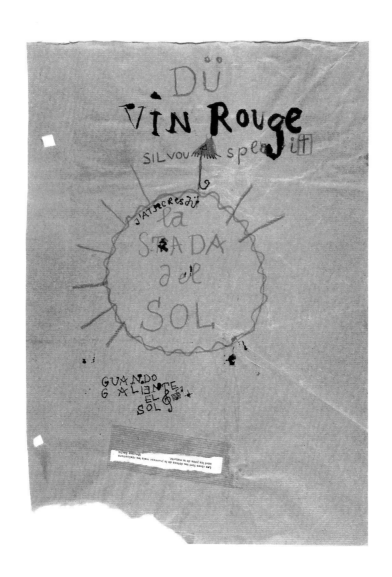

Abb. 13 Du vin rouge, um 1972 (Kat. 95)

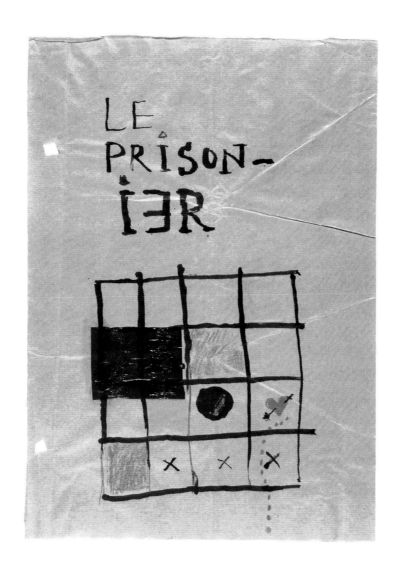

Abb. 14 Le prisonnier, um 1972 (Kat. 96)

Um 1967

Ein geheimnisvoller Stern

Fred Zaugg

Viele haben sie gekannt, doch ihr innerstes Geheimnis hat Esther Altorfer niemandem preisgegeben. Nach einer schweren Jugend ist ihr Leben nicht leichter geworden. Aber sie hat es gelebt, bis an die Grenzen. Die Träume hat sie ausgelotet und den Schmerz des Wachseins kennengelernt.

Ihr künstlerisches Werk vermittelt eine Ahnung von den Welten, die sie durchmessen, von den Ängsten, die sie erlitten, den Seinszuständen, die sie erfahren hat.

Es setzt ein mit feinen filigranartigen Federzeichnungen und endet in einem Sturm von Farben und in einfachen Pferdedarstellungen.

Die Momente des Rauschs sind darin ebenso zu finden wie jene tiefer Verzweiflung. Klarheit steht neben Chaos. Augen und Gesichter tauchen auf, Masken vielleicht, und manchmal Figuren, die an Puppen erinnern oder an weisse Prinzessinnen wie in jenem Farbenwirbel, den sie «Salto mortale» nannte, dem Werk auf Stoff, wo sie doch sonst schweres handgeschöpftes Büttenpapier oder schwarze Halbkartonbogen verwendete.

Titel sind selten im Schaffen von Esther Altorfer. Ein Blatt, das zwei Figuren zeigt, eine helle und eine dunkle, eine angestrahlte und eine im Schatten, hat sie «Zwielicht» genannt.

Diese Zweiheit, dieses Erkennen des Lichten und des Nächtlichen im Menschen, in uns allen, dieses um der sogenannten Normalität willen verschwiegene und verdrängte Gespaltensein hat sie zum Ausdruck gebracht und uns damit einen Blick in Tiefen des Lebens gewährt, den wir ernst nehmen sollten.

«Lagrima» steht bei einem kleinen Gesicht in schwarzem Feld, «Schnee-Esther» auf einer leichten, spielerischen Zeichnung, «Panzer-Gesicht» in den Arbeiten, die sich mit der Besetzung Afghanistans befassen.

Esther Altorfer hat bei Jakob Stucki in Langnau Keramikerin und vor allem Keramikmalerin gelernt. In den sechziger Jahren hat sie angefangen, ihr eigenes Werk zu realisieren. Sie beschränkte sich dabei nicht auf Zeichnungen, Bilder und – selten – Skulpturen, sondern bezog ihre ganze Persönlichkeit mit ein in den Versuch von Darstellungen ihrer Befindlichkeit. Sie schmückte sich mit Blumen und legte sich in schwere Ketten. Irgendwo steht auf einem Blatt «Der Fixstern c'est moi».

Sie gehörte zur Kunstszene Berns, aber sie löste sich nicht in ihr auf. Sie blieb dieser fremde schöne Stern. Er konnte explodieren oder ein Feuerwerk aufsteigen lassen, und er konnte still, sehr still seine Bahn gehen.

Abb. 16 Lagrima, um 1976 (Kat. 107)

Abb. 17 Ohne Titel, Ton gebrannt, um 1972

Abb. 18 Ohne Titel, 1972 (Kat. 153)
Abb. 19 Ohne Titel, 1972 (Kat. 154)

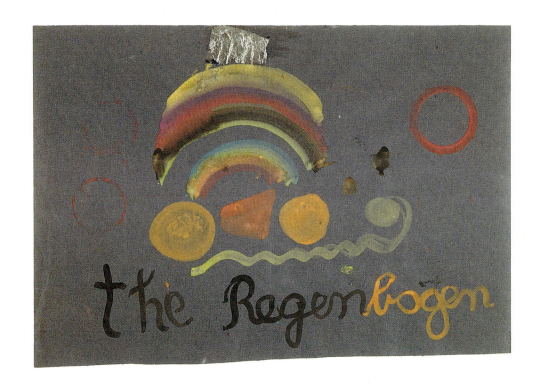

The Regenbogen, 1972 (Kat. 89)

La kermesse, 1972 (Kat. 91)

Abb. 20 Le chariot, 1972 (Kat. 82)

Blauer Mond, 1972 (Kat. 92)

Abb. 21 Doppelgänger, 1979

Einleitende Worte anlässlich der Eröffnung der Ausstellung «Esther Altorfer» in der Berner Galerie, 1979

In den vergangenen zwölf Monaten erarbeitete Esther Altorfer eine Reihe von wichtigen farbigen Blättern. Es sind Gouachen, alle im gleichen Format von 79 × 59 cm, die in dieser Ausstellung zum ersten Male einer breiteren Öffentlichkeit vorgestellt werden.

Bei genauem Beobachten der Malfläche eines der ausgestellten Blätter ergeben sich schon verschiedene Auskünfte über dessen Entstehung, das heisst über den Arbeitsprozess, die Arbeit mit der Farbe auf der Fläche, sei es mit Pinsel, Finger oder Handballen. Die rauhe Oberfläche des gewählten Büttenpapiers wird in den ersten Anfängen leicht mit Farbe bestrichen. Die Fläche wird dadurch aktiviert und ein lebendiges Spiel zwischen bedeckten und nicht bedeckten, schwarzen und weissen Flächen beginnt sich zu entwikkeln, hin bis zur Findung von ersten Zeichen, vielleicht einer ersten Gestalt. Dieses unablässige Suchen und Finden wird in der Folge intuitiv weitergetrieben, Schicht um Schicht, und trotz der Intensität des künstlerischen Vortrages werden die gestalterischen Ausdrucksmittel nie vernachlässigt. Dieser oft langwierige Arbeitsprozess wird manchmal so weit getrieben, dass das Büttenpapier, bedeckt durch die vielen Farbschichten, eine ganz andere, neue Materialität erhält, es wird hart, eigentlich fast unbiegsam, wie es im Falle des Blattes mit dem Titel «Doppelgänger» (Abb. 21) geschehen ist.

Die hier angedeuteten Entstehungsprozesse verweisen auf ein existenzielles Ringen um Gestalt und künstlerischen Ausdruck, aber auch auf das unentwegte Suchen nach Kommunikation zwischen den inneren und äusseren Welten, begleitet von schmerzhaften Ausbrüchen und stillem Verstummen. Die Blätter von Esther Altorfer teilen sich nicht leicht mit, ihre ganze Tiefe auszuloten dürfte für den Betrachter selber oft schwierig, möglicherweise sogar unangenehm werden, doch überhören sollten wir diese Rufe nicht, denn auch wir selbst sollten wieder vermehrt unseren eigenen Stimmen folgen.

Johannes Gachnang

Abb. 22 Ohne Titel, um 1978

Abb. 23 Ohne Titel, 1986 (Kat. 146)

Abb. 24 Ohne Titel, 1986 (Kat. 144)

Abb. 25 Ohne Titel, um 1980 (Kat. 124)

Ohne Titel, 1980 (Kat. 120)

Abb. 26 Ohne Titel, um 1980 (Kat. 125)

Ohne Titel, um 1980 (Kat. 126)

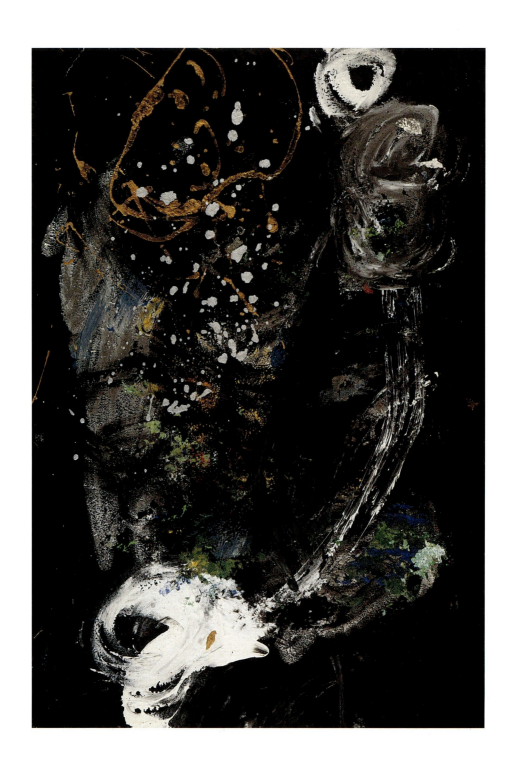

Ohne Titel, um 1980 (Kat. 127)

Ohne Titel, um 1980 (Kat. 123)

Um 1965

Widmungen

In Essaouira, 1972 (Foto: Stephen di Matteo)

FUER ESTHER ALTDORFER

GITANA MONDIALE
DIABOLO PERDU
INCARNATIONE UNIVERSALE
LANCELOT DER BERGE
ZERBRECHLICHES FEUER DES WASSERS
DU ZARTES GEWÄCHS DER
EMPFINDSAMEN WÜSTE
DU ZIGEUNERKÖNIGIN DER
    NAGELBESCHLAGENEN STIEFEL !
DU STEINBÖDEN ZERBERSTENDE
TRAUMWANDELNDE MINOTAURE
SCHWARZ GEWANDET ZERRISSEN —
DIR SEI DER HIMMEL GEWEIHT
DU TROUBADOUR DER LÜFTE !

Michael Bottler

59

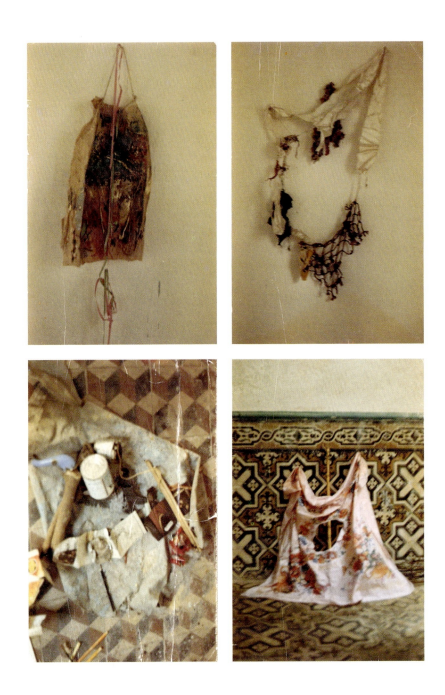

Arbeiten von Esther Altorfer, Marokko 1972 (zerstört)

Arbeiten von Esther Altorfer, Marokko 1972 (zerstört)

Im Jura mit Coghuf, Silvia Valentin und Suzanne Baumann, 1965

Mit Suzanne Baumann, 1966 / 67

LIEBE HESTHER, JESTHER, CHESTHER, SCHNEESTHER, US WESTHER, SCHWESTER Du bist der gestiefelte Kater, der Prinz aus Theben, Schneewittchen und die sieben Zwerge zugleich. In Deinen Siebenmeilenstiefeln bist Du uns entlaufen. Mit Kobolden, Nixen, Hexen, Freaks und Zauberern hast Du Dich verbündet. Mit Glimmer und Lametta Dein Nest ausgeschmückt. Den vergifteten Tauben hast Du ein Ehrengrab bereitet. Mit Erzengeln, Göttern, Geistern und Trollen Schach gespielt. Die Zärtlichkeit, welche Du nie gefunden hast, ist in Dir. Du weisst um die Vergänglichkeit und hast sie nie gefürchtet. Deinen Weg

bist Du alleine gegangen, die Stationen der Innerlichkeit bedeuten Krieg. An Deinen Armen schützen Dich zwei selbstleuchtende Fussbinden eines Rennpferdes. Wie ein Barometer hast Du die Gefahren und Unzulänglichkeit dieser Welt entblösst. Hungrige Phantasielose haben versucht, sich in Deiner Seele zu spiegeln. Wenn Du durch Deine Schönheit Wünsche und Sehnsüchte in anderen geweckt hast, hat man Dich geliebt und benutzt. Wenn Du aussprichst, was niemand hören will, gefürchtet und gemieden. Du bist ein Freiheitskämpfer, eine kleine koboldische Elfe mit der Verletzlichkeit im Anschlag. Du hinter-

lässt ein Werk, welches Zweifler erröten lassen sollte vor Scham. Mit kleinen Messern und Gabeln, Wurzeln, Träumen, Augen und Fingerfarben hast Du es leise geschrien. Du bist Dein Werk, Du bist ein Gesamtkunstwerk, von dem viel gesprochen wird, so selten gelebt. Man weiss es, an: aber es kann und ich ecke damit wohl auch wieder und soll nie genug

gesagt werden, es gibt die Kunst, und sie ist nicht geschlechtlich. Wir Frauen und Menschen, deren Anspruch nicht der Ehrgeiz das Höchste ist, müssen täglich von neuem erfahren, wer hier der Meister ist. Tiefen, die im Zusammensein mit Dir eröffnet werden, sind nicht vermarktbar, aber so einfach mit unempfundenem Epigonentum zu überdecken. Im ausgelassenen Sommer ist es Dir zu heiss, im Winter frierst Du. Artaud und die Lasker-Schüler, Wölfli und Aloise erwarten Deinen Besuch. Ich möchte Dir noch eine CHESTER-field anbieten und freue mich, bis wir gemeinsam Kirschen von den Bäumen pflücken,

Karten spielen und Du mir durch das Betasten Deiner Herzstelle bekanntgibst, welche Karte ich ziehen soll. Dein Regenbogen verbleicht nicht. Der Mond und die Sterne sind mit Dir. Geh nie fort von Dir – Bis jetzt hast Du das auch nie getan – Ich versuche es weiterhin…

ENNAZUS NNAMUAB
SUZANNE BAUMANN

geh mie fort von dir

Alles Liebe ester

im Juni 1964 [dunkle Jummacht]

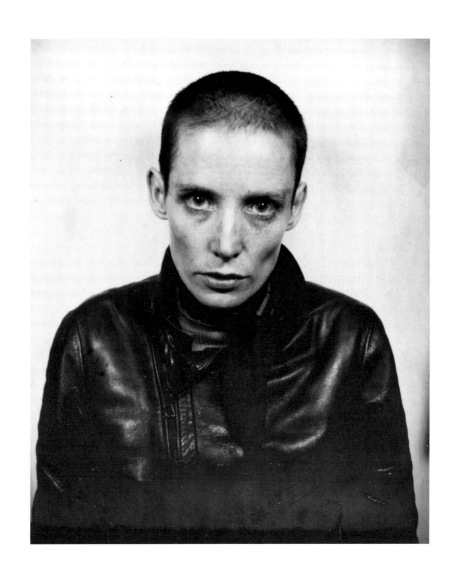

In Marokko, 1972

«The insane mind is more brilliant than the normal mind but not more than the enlightened mind». Namgyal Rinpoche

In der ersten Hälfte der siebziger Jahre stand der Zeitgeist zwischen Psychedelik und Punk, zwischen Glamour und Trash. Man hatte nicht nur Leary, sondern auch Laing gelesen. Sensibilität wurde von vielen, so auch von mir, ausschliesslich von der Leidensfähigkeit her taxiert – schwarze Romantik, alles irgendwo zwischen Velvet Underground, Cocteau und der Ermordung des Jean-Paul Marat in der Peter-Brooks-Verfilmung angesiedelt.

In dieser Zeit fiel meine erste Bekanntschaft mit Esther. Sie vereinte dies alles.

Ich glorifizierte das, was man so unbeholfen unter dem Begriff «Schizophrenie» zusammenfasst – wenn Esther zum Beispiel von ihren mitternächtlichen Beobachtungen auf den leeren Perrons im gespenstischen Berner Bahnhof erzählte, von den mit Waffen beladenen Güterzügen. Esther faszinierte mich, schlug mich in ihren Bann. Letztlich blieb ich aber nur Zaungast.

Die Zeichnungen, Bilder, Alufolie- und sonstige Abfallmaterialgebilde waren von selten gesehener Direktheit. Der schwarze spitze Dom mit Guckloch und darin Esthers Skulptur, bei der von Markus Raetz organisierten Ausstellung «7 Geschichten von 7 Prinzessinnen» (1975 im Kunstmuseum Luzern) – unvergesslich. Esthers Arbeiten aus jener Zeit lassen mich noch heute schwer tun mit der seit Punk und No Wave («Einstürzende Neubauten» usw.) aufgekommenen Möchtegern-Art-brut, Wahnsinn als Pose.

Lau, so fühlte man sich über kurz oder lang um Esther. Esthers Gespür für Wahrhaftigkeit (das sie mit anderen Schizophrenen teilte), ihrer Forderung nach absoluter Wahrhaftigkeit, nach vollständiger Präsenz, konnte meine Lauheit nicht standhalten – es blieb im mer bei seltenen Kontakten. Es ist dann später auch vorgekommen, dass ich in der unteren Altstadt vorsorglich die Strassenseite gewechselt habe...

Wenn je auf jemanden die Bezeichnung «Stadtindianer» zugetroffen hat, so auf Esther. Mehr noch: Medizinfrau, in tausend Toden und Zerstückelungen initiiert.

Cptn. Beefheart: «Here Eyes Are A Blue Million Miles».

Sandro Fischli

Klösterlistutz in Bern, Sommer 1967.
Mit Markus und Monika Raetz, Elisabetha Hoffmann und Peter Saam
(Foto: Balthasar Burkhard)

Während der Einrichtung der Ausstellung «7 Geschichten der 7 Prinzessinnen»,
Kunstmuseum Luzern, 1975

Mit Toni Gerber, 1975

DER SCHRAI im Mond verlor sich in
der HÖEHLE des Berges ※Höre die←
Dunkelheit der Schatten..×.Der
Stein flüsterte zu dem Fenster,
DIE F̶e̶n̶s̶t̶e̶r̶Scheiben Hätten gekliret.
Einsam d̶i̶e̶ Schatten von Wald zu
Wald spazieren gegangen i̶s̶t̶. SIND
N̶ DER
Am Ecken des Tores-wirst du mit
MiR gesprochen haben. Der Weg
den wir gegangen sind ist verloren
sage mir wo ist das weisse
Pferd - das uns auf diesem
Weg begeßnen wird?

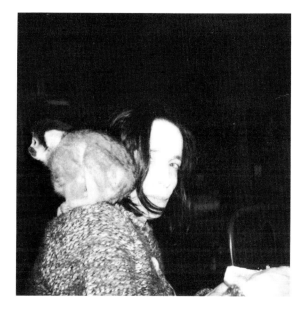

In Marfeldingen mit Äffchen «Ino», 1982

Abb. 39 Ohne Titel, 1987 (Kat. 150)

Biographische Daten

Geboren am 8. Oktober 1936 in Lausanne.
Aufgewachsen in Urdorf, Zürich und anschliessend im Waisenhaus in Wollishofen, Zürich.

1957–59 Ausbildung als Keramikerin bei Jakob Stucki in Langnau. Arbeitet anschliessend bis 1963 am gleichen Ort.

1964 25 Berner und Bieler Künstler, Städtische Galerie, Biel (Gruppenausstellung).

1969 Mitwirkung in Fredi Murers Film «Swissmade».

1970 Galerie Toni Gerber, Bern (Einzelausstellung).

1971/72 Die andere Realität. Weisser Saal, Kunstmuseum Bern (Gruppenausstellung, Konzept von Meret Oppenheim und Lilly Keller).

1972 Mitwirkung im Film «Stella da falla» von Reto Savoldelli.

1972 Reise nach Marokko. Aufenthalt bei Michael Buthe in Essaouira und in Marrakesch. Nach der Rückkehr in die Schweiz Aufenthalt in der psychiatrischen Klinik in Rheinau (Zürich). Anschliessend mehrere Monate bei Meret Oppenheim in Carona.
Bis zu ihrem Tode wiederholt Aufenthalte in der psychiatrischen Klinik Waldau bei Bern.

1974 Berner Galerie (Einzelausstellung).
Louise Aeschlimann-Stipendium.

1975 7 Geschichten der 7 Prinzessinnen. Kunstmuseum Luzern (Gruppenausstellung, Konzept von Markus Raetz).

1977 Kunstkeller Biel (Gruppenausstellung).

1979 Berner Galerie (Einzelausstellung).

1980 Heinz Brand, Künstler aus seinem Umfeld, Projektionsfläche. Kunstmuseum Bern (Gruppenausstellung).

1981 Galerie Schindler, Bern (Gruppenausstellung).

1985 Galerie c/o Suti, Bern (Einzelausstellung).

1987 Psychiatrische Universitätsklinik, Waldau (Gruppenausstellung).

Esther Altorfer lebte bis zu ihrem Tode am 15. Juli 1988 in Bern.

Verzeichnis der ausgestellten Werke

Bearbeitet von Marie-Françoise Robert

1

Ohne Titel, 1964

Filzstift auf Papier
47,7 × 36 cm
Nachlass E. A.

2

Ohne Titel, 1964

Filzstift und Silberbronze auf Papier
47,7 × 36 cm
Bez. auf d. Rücks.: Jesther 1964
Nachlass E. A.

3

Tahi, 1964

Filzstift auf Papier
37,5 × 27,8 cm
Bez. auf d. Rücks.: Jester 1964
Nachlass E. A.

4

Totem, 1964

Filzstift auf Papier
37,5 × 27,8 cm
Bez. auf d. Rücks.: Ester 1964
Nachlass E. A.

5

Expo-Kuh, 1964

Filzstift und Silberbronze auf Papier
30 × 42 cm
Bez. auf d. Rücks.: Ester März 1964
Montet
Nachlass E. A.

6

Ohne Titel, 1964

Filzstift, Silber- und Goldbronze
auf Papier
37,5 × 27,8 cm
Bez. auf d. Rücks.: 1964 Jester
Privatbesitz

7

Das Einrad, 1964

Filzstift auf Papier
38 × 31 cm
Bez. auf d. Rücks.: Jester 1964
Nachlass E. A.

8

Diana mit goldenem Haar,
1964

Filzstift und Goldbronze auf Papier
37,3 × 27,7 cm
Bez. auf d. Rücks.: Jester 1964
Nachlass E. A.

9

Ohne Titel, 1964

Mischtechnik auf Papier
30 × 42 cm
Bez. auf d. Rücks.: 1964
Nachlass E. A.

10

Glassaal mit weissen Augen
und †, 1964

Filzstift und Glimmer auf Papier
38 × 31 cm
Bez. auf d. Rücks.: Jester 1964
Nachlass E. A.

11

Garten im Kopf, 1964

Filzstift auf Papier
38 × 31 cm
Bez. auf d. Rücks.: Jester 1964
Nachlass E. A.

12

Eulenmensch, 1964

Filzstift auf Papier
31 × 38 cm
Bez. auf d. Rücks.: Jester Juli 1964
Nachlass E. A.

13

Sylipin, 1964

Filzstift auf Papier
37,5 × 27,8 cm
Bez. auf d. Rücks.: Jester 1964
Nachlass E. A.

14

Frauen, 1964

Filzstift auf Papier
38 × 31 cm
Bez. auf d. Rücks.: Frauen Jester
1964
Nachlass E. A.

15

Frauen, 1964

Filzstift auf Papier
38 × 31 cm
Bez. auf d. Rücks.: Frauen Jester
1964
Nachlass E. A.

16

Frauen, 1964

Filzstift auf Papier
38 × 31 cm
Bez. auf d. Rücks.: Jester 1964
Nachlass E. A.

17

Ohne Titel, um 1964

Filzstift auf Papier
42 × 29 cm
Nachlass E. A.

18

Ohne Titel, um 1964

Filzstift auf Papier
42 × 29 cm
Nachlass E. A.

19

Selbstbildnis, 1964 / 1965

Filzstift auf Papier
37,5 × 27,8 cm
Bez. auf d. Rücks.: Selbstbildnis
Jester 1964 1965
Nachlass E. A.

20

Ohne Titel, 1967

Tusche und Filzstift auf Papier
21 × 29,7 cm
Nachlass E. A.

21
Ohne Titel, 1967
Tusche auf Papier
21 × 29,7 cm
Nachlass E. A.

22
Ohne Titel, 1967
Tusche auf Papier
21 × 29,7 cm
Nachlass E. A.

23
Ohne Titel, 1967
Tusche auf Papier
21 × 29,7 cm
Nachlass E. A.

24
Ohne Titel, 1967
Tusche auf Papier
26,7 × 21 cm
Nachlass E. A.

25
Ohne Titel, 1967
Tusche auf Papier
26,7 × 21 cm
Nachlass E. A.

26
Ohne Titel, 1967
Tusche auf Papier
26,7 × 21 cm
Nachlass E. A.

27
Ohne Titel, 1967
Tusche auf Papier
27,3 × 21 cm
Nachlass E. A.

28
Ohne Titel, 1967
Tusche auf Papier
27,3 × 21 cm
Nachlass E. A.

29
Ohne Titel, 1967
Tusche auf Papier
29,7 × 21 cm
Nachlass E. A.

30
Ohne Titel, 1967
Tusche auf Papier
23,5 × 36,5 cm
Nachlass E. A.

31
Ohne Titel, 1967
Filzstift und Tusche auf Papier
36,3 × 46,5 cm
Nachlass E. A.

32
Ohne Titel, 1967
Filzstift und Tusche auf Papier
36,3 × 46,5 cm
Nachlass E. A.

33
Ohne Titel, 1967
Filzstift und Tusche auf Papier
36,3 × 46,5 cm
Nachlass E. A.

34
Ohne Titel, 1967
Filzstift und Tusche auf Papier
36,3 × 46,5 cm
Nachlass E. A.

35
Ohne Titel, um 1967
Filzstift und Tusche auf Papier
21 × 27,3 cm
Nachlass E. A.

36
Ohne Titel, um 1967
Tusche auf Papier
21,1 × 29,8 cm
Nachlass E. A.

37
Ohne Titel, um 1967
Filzstift und Tusche auf Papier
29,8 × 21,1 cm
Nachlass E. A.

38
Ohne Titel, um 1968
Tusche und Kreide auf Papier
34,5 × 48 cm
Privatbesitz

39
Eis-Weiher, 1969
Filzstift auf Papier
21,1 × 25,7 cm
Nachlass E. A.

40
Sonnen-Uhr, 1969
Filzstift auf Papier
29,7 × 21 cm
Nachlass E. A.

41
Ohne Titel, 1969
Filzstift auf Papier
21 × 29,7 cm
Nachlass E. A.

42
Ohne Titel, 1969
Tusche auf Papier
21 × 29,7 cm
Nachlass E. A.

43
Der Spaziergang, 1969
Tusche und Glanzfolie auf Papier
29,7 × 21 cm
Nachlass E. A.

44
Der Kirchgang, 1969
Tusche auf Papier
14,7 × 20,8 cm
Nachlass E. A.

45
Ich bin sehr müde, 1969
Tusche auf Papier
14,7 × 20,8 cm
Nachlass E. A.

46
Herbst, das Geheimnis oder
das Verbrechen, 1969
Tusche auf Papier
14,7 × 20,8 cm
Nachlass E. A.

47
Der Fenstersprung, 1969
Tusche auf Papier
14,7 × 20,8 cm
Nachlass E. A.

48
Wolke, 1969
Tusche auf Papier
14,7 × 20,8 cm
Nachlass E. A.

49
M, 1969
Tusche auf Papier
14,7 × 20,8 cm
Nachlass E. A.

50
Ohne Titel, 1969
Tusche auf Papier
14,7 × 20,8 cm
Nachlass E. A.

51
Ohne Titel, 1969
Tusche auf Papier
14,7 × 20,8 cm
Nachlass E. A.

52
Ohne Titel, 1969
Farbstift auf Papier
37 × 27 cm
Nachlass E. A.

53
Ohne Titel, 1969
Farbstift und Collage auf Halbkarton
61 × 82 cm
Nachlass E. A.

54
Schneeesther, um 1969
Tusche auf Papier
14,7 × 20,8 cm
Nachlass E. A.

55
Blauer Himmel, Wolken,
Stein, um 1969
Tusche auf Papier
14,7 × 20,8 cm
Nachlass E. A.

56
Ohne Titel, um 1969
Tusche auf Papier
14,7 × 20,8 cm
Nachlass E. A.

57
Ohne Titel, um 1969
Braune Tinte auf Papier
21 × 14,9 cm
Nachlass E. A.

58
Ohne Titel, 1970
Tusche und Farbstift auf Papier
14,6 × 20,8 cm
Nachlass E. A.

59
Ohne Titel, 1970
Filzstift auf Papier
29,6 × 21 cm
Nachlass E. A.

60
Ohne Titel, 1970
Filzstift auf Papier
21 × 29,6 cm
Nachlass E. A.

61
Ohne Titel, 1970
Filzstift auf Papier
21 × 29,6 cm
Nachlass E. A.

62
La berceuse, 1970
Tusche und Glanzfolie auf Papier
29,6 × 21 cm
Nachlass E. A.

63
Ohne Titel, 1970
Farbstift und Kreide auf Papier
27,1 × 37 cm
Privatbesitz

64
Ohne Titel, um 1970
Kreide auf Packpapier
31,5 × 33 cm
Nachlass E. A.

65
Ohne Titel, um 1970
Tusche und Glanzfolie auf Papier
29,6 × 21 cm
Nachlass E. A.

66
Ohne Titel, um 1970
Tusche und Glanzfolie auf Papier
29,6 × 21 cm
Nachlass E. A.

67
Ohne Titel, um 1970
Tusche und Glanzfolie auf Papier
29,6 × 21 cm
Nachlass E. A.

68
Ohne Titel, um 1970
Tusche und Glanzfolie auf Papier
29,6 × 21 cm
Nachlass E. A.

69
Ohne Titel, um 1970
Tusche und Glanzfolie auf Papier
29,6 × 21 cm
Nachlass E. A.

70
Ohne Titel, um 1970
Tusche und Glanzfolie auf Papier
29,6 × 21 cm
Nachlass E. A.

71
Ohne Titel, um 1970
Tusche und Glanzfolie auf Papier
29,6 × 21 cm
Nachlass E. A.

72
M, um 1970
Tusche und Glanzfolie auf Papier
29,6 × 21 cm
Nachlass E. A.

73
Ohne Titel, um 1970
Tusche auf Papier
29,6 × 21 cm
Nachlass E. A.

74
Ohne Titel, um 1970
Filzstift auf Papier
48 × 35,8 cm
Nachlass Meret Oppenheim

75
Ohne Titel, um 1970
Farbstift, Filzstift und Gouache
auf Karton 30 × 40 cm
Nachlass E. A.

76
Schneewolke, 1972
Gouache auf grünem Papier
33 × 50 cm
Nachlass Meret Oppenheim

77
Schneehimmel, 1972
Gouache auf grünem Papier
50 × 33 cm
Nachlass Meret Oppenheim

78
Je t'aime, 1972
Mischtechnik auf Packpapier
45,5 × 34,5 cm
Nachlass Meret Oppenheim

79
Der Baum weint, 1972
Gouache und Kreide auf braunem
Papier
48,5 × 66,5 cm
Nachlass Meret Oppenheim

80
Ohne Titel, 1972
Gouache und Filzstift auf
Papier
50 × 37 cm
Nachlass Meret Oppenheim

81
Einbildung und Ausbildung,
1972
Gouache auf grauem Papier
32 × 50 cm
Bez. auf d. Rücks.: Einbildung und
Ausbildung
Nachlass Meret Oppenheim

82
Le chariot, 1972
Gouache auf grauem Papier
38 × 50 cm
Nachlass Meret Oppenheim

83
Le Japon, le Vietkong, 1972
Filzstift und Collage auf Papier
34 × 47,5 cm
Nachlass Meret Oppenheim

84
Greta Garbo: Ich bin
ein einsamer Mann, 1972
Gouache auf grauem Papier
32 × 50 cm
Nachlass Meret Oppenheim

85
Ohne Titel, 1972
Gouache auf grauem Papier
32 × 50 cm
Nachlass Meret Oppenheim

86
Liturgische Messe, 1972
Gouache und Collage
33 × 50 cm
Nachlass Meret Oppenheim

87
Ohne Titel, 1972
Gouache auf blauem Papier
51 × 34 cm
Nachlass Meret Oppenheim

88
Ohne Titel, 1972
Gouache auf blauem Papier
35 × 51 cm
Nachlass Meret Oppenheim

89
The Regenbogen, 1972
Gouache und Alufolie auf blauem
Papier
35 × 51 cm
Nachlass Meret Oppenheim

90
Ohne Titel, 1972
Gouache auf Papier
50 × 34 cm
Nachlass Meret Oppenheim

91
La kermesse, 1972
Gouache auf braunem Papier
35 × 50 cm
Nachlass Meret Oppenheim

92
Blauer Mond, 1972
Gouache auf Papier
50 × 34,5 cm
Nachlass Meret Oppenheim

93
Ohne Titel, 1972
Gouache und Kreide auf Papier
36 × 50 cm
Nachlass Meret Oppenheim

94
Ohne Titel, 1972
Gouache und Filzstift auf Papier
59 × 45 cm
Nachlass Meret Oppenheim

95
Du vin rouge s'il vous plaît,
um 1972
Mischtechnik auf Packpapier
46 × 32 cm
Nachlass E. A.

96
Le prisonnier, um 1972
Mischtechnik auf Packpapier
46 × 32 cm
Nachlass E. A.

97
La pastorale, um 1972
Kreide und Tusche auf Packpapier
46 × 32 cm
Nachlass E. A.

98
J'aimeres roulet, um 1972
Mischtechnik auf Packpapier
46 × 32 cm
Nachlass E. A.

99
Cindrella, um 1972
Mischtechnik auf Packpapier
46 × 32 cm
Nachlass E. A.

100

La Kabala, um 1972

Filzstift, Kreide und Tusche
auf Packpapier
46 × 32 cm
Nachlass E. A.

101

Mais la nostalgie..., um 1972

Kreide und Tusche auf Packpapier
46 × 32 cm
Nachlass E. A.

102

Pour toi, um 1972

Gouache und Filzstift auf Papier
31 × 51 cm
Nachlass, E. A.

103

Ohne Titel, um 1972

Gouache auf Packpapier
37 × 41 cm
Nachlass E. A.

104

Ohne Titel, um 1972

Gouache auf grauem Papier
32 × 50 cm
Nachlass Meret Oppenheim

105

Ohne Titel, um 1975

Mischtechnik auf Papier
50 × 65 cm
Nachlass E. A.

106

Ohne Titel, um 1975

Mischtechnik auf Papier
65 × 50 cm
Nachlass E. A.

107

Lagrima, um 1976

Mischtechnik auf schwarzem
Papier
70 × 50 cm
Nachlass E. A.

108

Ohne Titel

Gouache auf schwarzem Papier
34 × 23,5 cm
Nachlass E. A.

109 – 118

Ohne Titel

Kugelschreiber auf Papier
29,7 × 21 cm
Privatbesitz

119

Jikosh, 1978

Gouache auf Bütten
73 × 51 cm
Bez. auf d. Rücks.: Jikosh 1978
Esther Altorfer
Nachlass E. A.

120

Ohne Titel, 1980

Gouache auf Maschinenbütten
88 × 62 cm
Nachlass E. A.

121

Ohne Titel, um 1980

Gouache auf Bütten
56 × 77 cm
Nachlass E. A.

122

Ohne Titel, um 1980

Mischtechnik auf Büttenkarton
79,5 × 59,5 cm
Nachlass E. A.

123

Ohne Titel, um 1980

Mischtechnik auf Büttenkarton
57,5 × 79 cm
Nachlass E. A.

124

Ohne Titel, um 1980

Mischtechnik auf Bütten
77 × 55 cm
Nachlass E. A.

125

Ohne Titel, um 1980

Mischtechnik auf Malkarton
76 × 56 cm
Nachlass E. A.

126

Ohne Titel, um 1980

Mischtechnik auf Malkarton
65 × 49,7 cm
Nachlass E. A.

127

Ohne Titel, um 1980

Mischtechnik auf Bütten
73 × 51 cm
Nachlass E. A.

128

Ohne Titel, um 1980

Mischtechnik auf Bütten
65,5 × 50 cm
Nachlass E. A.

129

Ohne Titel, um 1980

Mischtechnik auf Büttenkarton
79 × 58 cm
Nachlass E. A.

130

Ohne Titel, um 1982

Mischtechnik auf Bütten
54,5 × 76 cm
Nachlass E. A.

131

Ohne Titel, um 1982

Mischtechnik auf Bütten
77 × 56 cm
Bez. auf d. Rücks.: Esther Altorfer
Nachlass E. A.

132

Ohne Titel, 1983

Mischtechnik auf Bütten
55 × 76 cm
Nachlass E. A.

133

Der Schimmer von Arafat,
1983

Mischtechnik auf Bütten
56 × 76,5 cm
Bez. auf d. Rücks.: Esther Altorfer
Nachlass E. A.

134

Ohne Titel, 1984

Kreide auf rotem Papier
24 × 16 cm
Nachlass E. A.

135
Mir ist als ich schon
verstorben bin,
1984
Mischtechnik auf Papier
29,7 × 20,5 cm
Nachlass E. A.

136
Ohne Titel, 1984
Kreide auf schwarzem Papier
20,5 × 29,8 cm
Nachlass E. A.

137
Ohne Titel, 1984
Kreide auf schwarzem Papier
20,5 × 29,8 cm
Nachlass E. A.

138
Ohne Titel, 1984
Kreide auf schwarzem Papier
20,5 × 29,8 cm
Nachlass E. A.

139
Ohne Titel, 1984
Kreide auf schwarzem Papier
20,5 × 29,8 cm
Privatbesitz

140
Ohne Titel, 1986
Aquarell und Tusche auf Papier
62 × 44 cm
Nachlass E. A.

141
Arena, 1986
Aquarell und Tusche auf Papier
62 × 44 cm
Nachlass E. A.

142
Ohne Titel, 1986
Mischtechnik auf schwarzem
Papier
50 × 65 cm
Nachlass E. A.

143
Ohne Titel, 1986
Mischtechnik auf Papier
21 × 29,7 cm
Nachlass E. A.

144
Ohne Titel, 1986
Tinte, Filzstift und Bleistift
auf Papier
29,7 × 21 cm
Nachlass E. A.

145
Le chien andaluz, 1986
Kreide und Farbstift auf rotem
Papier
20,5 × 29,7 cm
Nachlass E. A.

146
Ohne Titel, 1986
Aquarell und Tusche auf Papier
29,7 × 21 cm
Nachlass E. A.

147
Ohne Titel, 1986
Kreide und Farbstift auf rotem
Papier
20,5 × 29,7 cm
Privatbesitz

148
Ohne Titel, 1986
Aquarell und Tusche auf Papier
21 × 29,7 cm
Privatbesitz

149
Ohne Titel, um 1986
Kreide und Filzstift auf rotem
Papier
59,5 × 42 cm
Nachlass E. A.

150
Ohne Titel, 1987
Filzstift auf Bütten
77 × 55 cm
Nachlass E. A.

151
Ohne Titel, 1988
Filzstift auf Papier
29,7 × 42 cm
Privatbesitz

Objekte

152
Ohne Titel, 1964
Mischtechnik auf Kartondeckel
32 × 21 × 3 cm
Bez. auf d. Rücks.: Ester 1964
Privatbesitz

153
Ohne Titel, 1972
Holz, Papier, Bast, Nagel
12 × 29 × 20 cm
Nachlass Meret Oppenheim

154
Ohne Titel, 1972
Holz, Schnur, Papier, Nagel, Nüsse,
Linoleum, besprayt 9 × 38 × 17 cm
Nachlass Meret Oppenheim

Fotonachweis

Roland Aellig, Bern, S. 42
Suzanne Baumann, Marfeldingen, S. 65, 73
Balthasar Burkhard, Bern, S. 8, 69
Peter Friedli, Bern, S. 71
Stephen di Matteo, S. 58
L. Meyerlist, Florenz, S. 62
Christoph Schenker, Zürich, S. 70
Übrige: Peter Lauri, Kunstmuseum Bern